Kirja Isälle

Täytettävä kysymyskirja

© 2019 Minun Ajatus Kirjat
Kustantaja: BoD – Books on Demand, Helsinki, Suomi
Valmistaja: BoD – Books on Demand, Norderstedt, Saksa
ISBN: 978-952-80-0456-1

Tämä kirja on sinulle isäni, nimi:

Tämän kirjan on kirjoittanut minä, nimi:

Päivämäärä tänään:

Varhaisin muistoni sinusta:

Kun olin lapsi, muistan sinut tälläisenä:

Lapsuudessamme teimme useasti seuraavia
asioita:

Asioita, joita arvostan sinussa suuresti:

Parhaat ruoat, joita teet:

1. _____

2. _____

3. _____

4. _____

5. _____

Parhaat luonteenpiirteesi:

1. _____

2. _____

3. _____

4. _____

5. _____

Asioita, joissa olet mielestäni taitava:

1. _____

2. _____

3. _____

4. _____

5. _____

Asioita, jotka olet opettanut minulle:

1.

2.

3.

4.

5.

Asioita, joita yritit opettaa, mutta en vieläkään ole oppinut:

Asioita, joita tykkäämme tehdä yhdessä:

1.

2.

3.

4.

5.

Luonteenpiirteitä, joissa olemme
samanlaisia:

1.

2.

3.

4.

5.

Luonteenpiirteitä, joissa olemme erilaisia:

1.

2.

3.

4.

5.

Yleisin riidanaiheemme:

Parhaita muistoja kanssasi lapsuudessani:

1.

2.

3.

4.

5.

Parhaita muistoja kanssasi teini-iässä:

1.

2.

3.

4.

5.

Parhaita muistoja kanssasi aikuisiällä:

1.

2.

3.

4.

5.

Asioita, joissa olet hyvä:

1. _____

2. _____

3. _____

4. _____

5. _____

Asioita, joita toivoisin, että tekisimme
yhdessä:

1. _____

2. _____

3. _____

4. _____

5. _____

Vaatteet tai tyyli, joissa näytät parhaalta:

1. _____

2. _____

3. _____

4. _____

5. _____

Viisainta, jota olet sanonut minulle:

_____

_____

_____

_____

Olen ylpeä sinusta seuraavissa asioissa:

_____

_____

_____

_____

Sukulaiset, joiden luona tykkäämme käydä yhdessä:

_____

_____

_____

_____

_____

Miten lapsuutemme muistuttaa toisiaan?

Miten lapsuutemme eroaa toisistaan?

Arkipäivän asioita, joita aina teet:

1.

2.

3.

4.

5.

Parhaat juhlapyhämuistoni kanssasi:

1.

2.

3.

4.

5.

Parhaat matkamuistot, jotka olemme tehneet yhdessä:

1.

2.

3.

4.

5.

Parhaat lahjat, jotka olet antanut minulle:

1 _____

2. _____

3. _____

4. _____

5. _____

Hetket, jolloin minulla oli sinua kova ikävä:

1. _____

2. _____

3. _____

4. _____

5. _____

Asiat, jotka saavat sinut nauramaan:

1. _____

2. _____

3. _____

4. _____

5. _____

Mielestäni sopivin ammatti sinulle olisi:

_____

_____

_____

Olen kiitollinen, että olet tukenut minua
seuraavissa asioissa:

1. _____

2. _____

3. _____

4. _____

5. _____

Asioita, jotka yhdistävät meitä:

1. _____

2. _____

3. _____

4. _____

5. _____

Asioita, joissa sinä olet hyvä ja minä huono:

1.

2.

3.

4.

5.

Asioita, joissa minä olen hyvä ja sinä huono:

1.

2.

3.

4.

5.

Olen perinyt seuraavat piirteet sinulta:

1.

2.

3.

4.

Olen perinyt seuraavat piirteet taas äidiltä:

1.

2.

3.

4.

Kuinka kaukana toisistamme asumme tällä hetkellä?

Jos asumme omissa kodeissamme, miten kotimme muistuttavat ja eroavat toisistaan:

Seuraavissa asioissa pyydän yleensä
neuvoa sinulta

1.

2.

3.

4.

5.

Olen ylpeä sinusta seuraavissa asioissa

1.

2.

3.

Toivon, että olet ylpeä minusta seuraavissa
asioissa

1.

2.

3.

Sana/Sanonta, jonka olen oppinut sinulta

Asioita, joista aina muistutat minua:

1.

2.

3.

4.

Asioita, joita ostaisin sinulle, jos voittaisin lotossa:

1.

2.

3.

4.

Lempi tavarat/esineet, joita olet antanut minulle

1.

2.

3.

4.

Listatkaa tähän kaikki yhteiset lomamatkanne, ja jokin hyvä muisto jokaisesta matkasta

Miten uskon sinun isänä vaikuttaneen elämääni ja luonteeseeni tänä päivänä:

Miten kuvailisin perhe-elämäämme koko elämäni aikana:

Asioita, joita sinä ymmärrät ja olen aina voinut kertoa sinulle

1.

2.

3.

Asioita, joita ei ole ollut helppo kertoa sinulle

1.

2.

3.

Miten suhteemme on muuttunut aikuisiällä verrattuna lapsuuteen?

Suosikkimme

Tuoksu

Aihe, josta puhut

Ruoka, jota laitat

Hiustyylisi

Paikka, jonne mennä yhdessä

Elokuva, jonka olemme katsoneet yhdessä

Suosikkimme

Ravintola

Herkku, josta molemmat tykkäävät

TV-ohjelma, jota katsomme/katsoimme
yhdessä

Yhteinen kiinnostuksenkohde

Aktiviteetti, jota teemme/teimme yhdessä

Juhlapyhä

Hyviä tapoja ja taitoja, joita olet opettanut
minulle:

1.

2.

3.

4.

5.

Hetki, jolloin olemme nauraneet yhdessä

Pelottavin hetki, jonka olemme kokeneet
yhdessä

Hetki, jolloin olemme itkeneet yhdessä:

Hetki, jolloin olemme kumpikin olleet
hermostuneita:

Tilanteet, joissa kumpikin on usein hyvällä
tuulella:

Tilanteet, joissa kumpikin on usein huonolla
tuulella:

Haluaisin sanoa sinulle useammin
seuraavia asioita:

1. _____

2. _____

3. _____

Ilman sinun apuasi en olisi ikinä...

_____

_____

_____

_____

_____

Olen kiitollinen sinulle..

_____

_____

_____

_____

_____

Olet paras isä, koska…

_____

_____

_____

_____

_____

_____

_____

_____

_____

_____

_____

_____

_____

Kuinka monta lasta sinulla on:

Lasten nimet ja iät:

Tulin ensimmäisen kerran isäksi:

Mitä tuntemuksia koin, kun tulin isäksi:

Isäksi tulemisessa jännitti eniten:

Isäksi tulemisessa olin innoissani eniten:

Ensimmäinen vuoteni isänä oli tälläinen:

Mitä ajattelit/ajattelet lapsistasi tulevan isona:

Kuinka päädyit nimeämään lapsesi:

Mitä ajattelit, kun näit lapsesi ensimmäisen kerran?

Lasteni teot, jotka saavat minut
nauramaan

1.

2.

3.
Lasteni teot, jotka saavat minut
ärsyyntymään

1.

2.

3.
Näissä asioissa lapseni ovat samanlaisia
kuin minä:

Näissä asioissa lapseni ovat erilaisia kuin minä

Hetket, jolloin olin ylpeä lapsistani

Asiat, joita tykkään tehdä lasteni kanssa

1.

2.

3.

4.

5.

Hauskin asia, mitä lapseni on sanonut, kun hän oli pieni

Kenelle kerroit ensimmäiseksi, kun tiesit että tulet isäksi:

Jos lapseni olisi vastakkaista sukupuolta, olisin nimennyt hänet seuraavasti:

Asioita, joita vanhemmuus on opettanut minulle

Näissä asioissa oma lapsuuteni muistuttaa lasteni lapsuutta

1.

2.

3.

Näissä asioissa oma lapsuuteni eroaa lasteni lapsuudesta

1.

2.

3.

Perinteitä ja tapoja, joita olen halunnut opettaa lapsilleni

Parhaita muistoja lapseni lapsuudesta

1. _____

2. _____

3. _____

4. _____

Parhaita muistoja lapseni teini-iästä

1. _____

2. _____

3. _____

4. _____

Parhaita muistoja lapseni kanssa, kun hän on tullut aikuiseksi

1. _____

2. _____

3. _____

4. _____

Miten olen halunnut kasvattaa lapseni ja miten koen onnistuneeni siinä?

_____

_____

_____

_____

_____

_____

_____

Asioita, jotka koin vaikeaksi kasvattaessani lastani

_____

_____

_____

_____

_____

Miten suhteeni lapsiini on muuttunut heidän ollessa aikuisia?

_____

_____

_____

_____

_____

_____

Asioita, joista voin puhua helposti lapseni kanssa

_____

_____

_____

_____

Suosikkimme

Aihe, josta puhua lapseni kanssa

Elokuva, jonka olemme katsoneet yhdessä

Paikka, jossa viettää aikaa yhdessä

Ruoka, jota laittaa yhdessä

Ravintola, jossa käydä yhdessä

Toivoisin, että lapseni muistavat seuraavat asiat minusta

1.

2.

3.

4.

5.

Asiat, jotka saavat minut huolestumaan lapsistani

1.

2.

3.

Asioita, joissa toivoisin tukea lapseltani

1.

2.

3.

4.

Hetket, jolloin minulla oli kova ikävä lastani

1.

2.

3.

Asioita, joita toivoisin, että olisin tehnyt toisin isänä

1.

2.

3.

Asioita, joita olen tehnyt isänä ja joista olen ylpeä

1.

2.

3.

Haluaisin sanoa lapsilleni useammin

1.

2.

3.

Parhaat puolet lapsessani

1.

2.

3.

Huonoimmat puolet lapsessani

1.

2.

3.

Vanhemmuudessa minua on yllättänyt eniten:

Viisainta, mitä lapseni on minulle
opettanut

_____

_____

_____

Viisainta, mitä oma isäni on minulle
opettanut

_____

_____

_____

Kun tulen vanhaksi, haluaisin, että
lapseni...

_____

_____

_____

_____

_____

_____

Koetko olevasi samanlainen vai erilainen isä lapsillesi kuin oma isäsi oli sinulle ja millä tavalla?

_____

_____

_____

_____

_____

_____

_____

_____

_____

_____

_____

_____

Isovanhempana olen/aion itse olla:

Asioita, joita olen halunnut tehdä toisin, jota oma isäni teki lapsuudessani

Asioita, joita olen halunnut tehdä samalla tavalla, jota oma isäni teki lapsuudessani

Jos minulla on monta lasta, miten lapseni eroavat keskenään toisistaan

Vaikeimmat hetkeni isänä

1.

2.

3.

Parhaat hetkeni isänä

1.

2.

3.

Hauskimmat muistoni lapseni kanssa

1.

2.

3.

4.

5.

Haluaisin kokea seuraavat asiat lapseni kanssa

1. _____

2. _____

3. _____

Ammatti, jota toivoisin lapsilleni:

_____

_____

_____

_____

Kun itse olin lapsi, kuinka monta lasta suunnittelin saavani?

_____

_____

_____

_____

Asioita, joita suunnittelin itse lapsena, kun tulen isäksi

1.

2.

3.

4.

5.

Missä asioissa lapseni muistuttaa minun omia vanhempiani?

Isänä oleminen on opettanut minulle
elämästä seuraavia asioita

_____

_____

_____

_____

_____

Haluan, että lapseni muistavat minut
seuraavanlaisena isänä

_____

_____

_____

_____

_____

_____